Von: _____

Für: _____

Besuch vom Seelenmonster

Laura Zeibig

Text und Illustration

Mama war immer ein sehr fröhlicher Mensch. Sie war immer lieb zu mir und wir haben den ganzen Tag viel gelacht und gespielt.

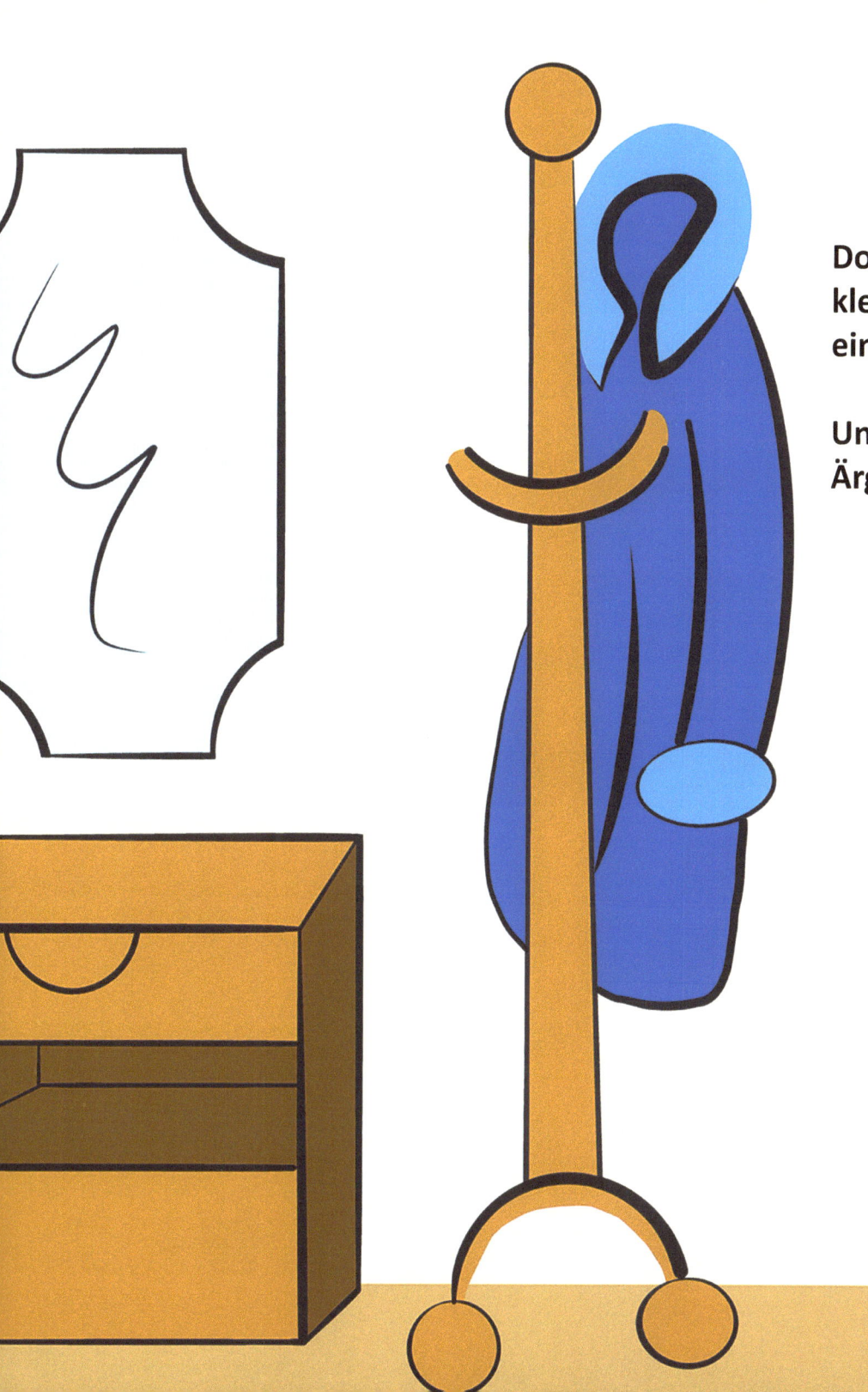

Doch eines Tages zog ein kleines Monster bei uns ein: das Seelenmonster.

Und es hatte eine Menge Ärger im Gepäck ...

Das Monster verfolgte uns auf Schritt und Tritt und ließ uns nicht mehr in Ruhe.

Es war so hungrig, dass es meiner Mama das ganze Essen wegaß, bis nichts mehr für sie übrig blieb.

Wenn Mama nachts schlafen wollte, machte es die ganze Nacht über so viel Lärm, dass sie kein Auge zubekam.

Mama sah deshalb immer erschöpfter aus.
Sie war auch gar nicht mehr so fröhlich wie früher.

**Mama zog sich immer mehr zurück.
Sie ging nicht mehr mit mir raus und
wir spielten auch kaum noch.**

**Das Monster hatte sie einfach eingesperrt
und ich konnte ihr nicht helfen.**

**Selbst Papa musste sich geschlagen geben.
Er hatte keine Chance gegen das Monster,
es war einfach zu stark.**

Je länger das Monster bei uns wohnte, desto größer wurde es auch.

Es wuchs und wuchs und wuchs und hörte gar nicht mehr auf zu wachsen.

Und je größer das Monster wurde, desto schlechter ging es Mama. Sie wurde ganz dünn und blass.

Sie hatte kaum noch Kraft, etwas mit mir zu unternehmen.

Nach einiger Zeit war das Monster so groß, dass es Mama fast erdrückt hätte. Mama wusste nun, dass es so nicht weitergehen konnte und sie sich Hilfe holen musste.

Mama ging zu einem Psychologen.

Dort redete sie über das Monster und darüber, welche Probleme es ihr macht.

Durch die Therapie und die Hilfe des Psychologen ging es Mama Stück für Stück besser.

So bekam das Monster zum Beispiel sein eigenes Essen, damit es meiner Mama nicht mehr das Essen wegessen musste.

Mama ging auch öfter raus und wurde wieder fröhlicher.

Mit der Zeit wurde das Monster immer kleiner und kleiner. Es schrumpfte immer weiter zusammen, bis es sogar kleiner war als ich!

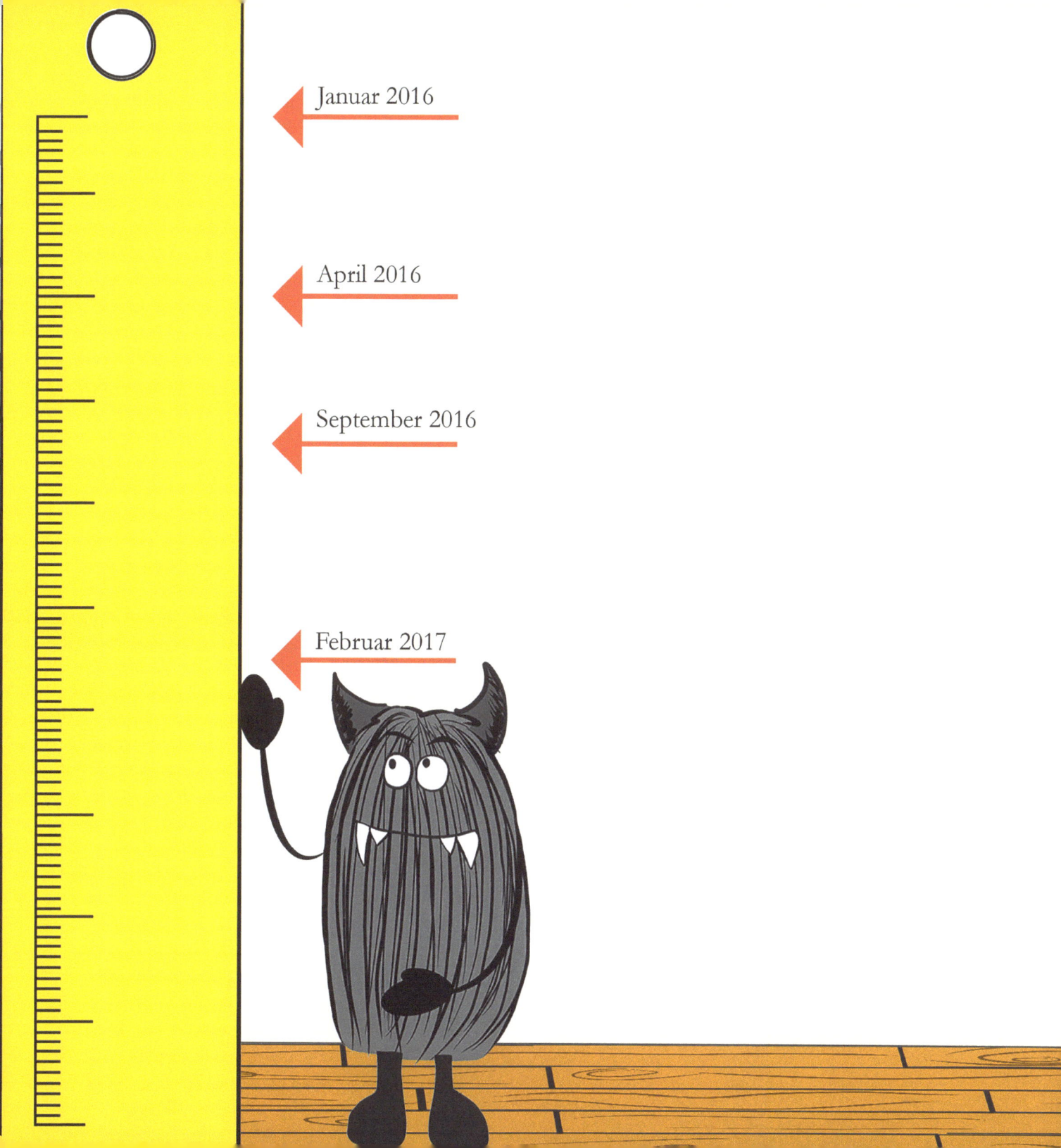

Heute ist das Monster wieder ganz klein. Und auch wenn es noch da ist, ist Mama wieder fröhlich. Sie spielt wieder mit mir, wir gehen raus und unternehmen etwas – so wie früher, bevor das Monster bei uns eingezogen ist.

Laura Zeibig wurde 1992 in Iserlohn geboren. Sie hat schon als Kind immer viel gebastelt und war sehr kreativ. Nach Schule und einem Praktikum beschloss sie, den Beruf der Grafikdesignerin zu wählen. 2013 begann sie ihr Studium „Kommunikationsdesign" an der Fachhochschule Dortmund und schloss es 2017 mit einem Bachelor-Abschluss ab.

Mittlerweile lebt sie auch in Dortmund und arbeitet bei einem Unternehmen als Grafikerin in der Marketingabteilung. Zudem hat sie sich nebenberuflich mit einem kleinen Gewerbe „Mindflowingdesign" selbstständig gemacht und erstellt Logos und Websites für Kunden sowie Papeterien für Hochzeiten. Ihre Designs verkauft sie über einen eigenen Shop. Ihr Beruf ist somit auch – neben dem Tanzen – eines ihrer größten Hobbys.

Unser Buchtipp:

**Bettina Bremer: Anni und der Regenbogenmann
ISBN: 978-3-86196-352-3, Hardcover, 50 Seiten, illustriert**

Anni ist bedrückt. Ihre Mutter ist schon lange krank und ihr Vater kümmert sich sehr um sie, sodass für Anni nicht viel Zeit übrig bleibt. Dabei würde sie so gerne in den Zirkus gehen, der sich gerade auf der Festwiese ausgebreitet hat! Freunde, mit denen sie sich verabreden könnte, hat sie auch nicht, was wohl daran liegt, dass sie so still und in sich gekehrt ist.

Immer wieder fühlt sich Anni auch so, als habe sie Schuld an der psychischen Erkrankung ihrer Mutter. Doch dann begegnet sie dem Regenbogenmann ...

Impressum:

Besuchen Sie uns im Internet:
www.papierfresserchen.de

© 2019 Erstausgabe – Papierfresserchens MTM-Verlag GbR
Mühlstraße 10, 88085 Mühlstraße 10

www.papierfresserchen.de – info@papierfresserchen.de
Alle Rechte vorbehalten.

Lektorat: CAT creativ - www.cat-creativ.at

Illustrationen und Cover: Laura Zeibig

Gedruckt in der EU

ISBN: 978-3-86196-893-1

www.ingramcontent.com/pod-product-compliance
Lightning Source LLC
LaVergne TN
LVHW071659060526
838201LV00037B/385